SAMUEL RODRIGUES

EL DÍA QUE EL AMOR ME FALLÓ

Un devocional para sanar cuando
El amor te rompe

El día que el amor me falló

Un devocional para sanar cuando el amor te rompe

Autor: Samuel Rodrigues
Publicación independiente
Impreso bajo demanda por Amazon KDP

Primera edición: 2025
ISBN: 978-65-01-64124-9

Dados Internacionais de Catalogação na Publicação (CIP)
(Câmara Brasileira do Livro, SP, Brasil)

Rodrigues, Samuel

El día que el amor me falló : un devocional para sanar cuando el amor te rompe / Samuel Rodrigues. -- Recife, PE : Ed. do Autor, 2026.

ISBN 978-65-01-64124-9

1. Amor 2. Casais - Conduta de vida 3. Casamento 4. Casamento - Aspectos religiosos 5. Cristianismo 6. Literatura devocional 7. Relacionamentos I. Título.

26-386918.0 CDD-248.4

Índices para catálogo sistemático:

1. Casamento : Amor : Vida cristã : Cristianismo — 248.4

Maria Alice Ferreira — Bibliotecária — CRB-8/7964

Sigue a Samuel Rodrigues en sus redes sociales
y descubre toda su obra:

@___samuelrodrigues

Contacto: holasamuelrodrigues@gmail.com
Invitaciones y conferencias: sr.conferencias@gmail.com

www.samuelrodriguesautor.com
www.lacasadelnumero48.com

Contenido

Etapa 2 – Sanidad

Etapa 3 – Restauración

Dedicatoria

A todos los que amaron sin saber qué era el amor. A los que dieron todo… y aún así fueron dejados. A quienes confundieron amor con dependencia, miedo o dolor. A los que se quedaron en silencio, rotos por dentro, sonriendo por fuera.

A los que dejaron de creer en el amor. O nunca supieron cómo hacerlo. A los que no dieron nada, por miedo, por orgullo, por heridas viejas… y hoy cargan con la duda de lo que pudo haber sido.

A quienes casi se rinden. Y a quienes, de alguna forma, todavía esperan que algo bueno pueda nacer de lo que quedó.

A todos los corazones de piedra. A toda llama congelada que necesita volver a arder.

Este devocional es para ustedes. Para recordarte que **aunque el amor te falló, Dios no lo hará.**

Introducción

El día que el amor me falló – Un devocional para sanar cuando el amor te rompe

No llegaste a este libro por casualidad. Quizás lo encontraste buscando respuestas. O tal vez, simplemente necesitabas algo que no te juzgue mientras estás tratando de no derrumbarte por dentro.

Yo también estuve ahí.

No escribí esto desde la teoría, ni desde un púlpito. Lo escribí con heridas todavía cerrándose. Lo escribí después de haber amado sin ser correspondido, de haber dado sin recibir, de haber creído en promesas que no se cumplieron. Y también lo escribí después de haberme fallado a mí mismo.

El día que el amor me falló no fue solo un momento. Fue una caída lenta, una confusión larga, una batalla silenciosa.

Y si tú estás leyendo esto, es muy probable que sepas exactamente a qué me refiero. Este libro no va a decirte que el dolor se va rápido.

Ni que un versículo al día te curará mágicamente. Tampoco vas a encontrar aquí frases cristianas recicladas ni optimismo forzado. Pero sí te vas a encontrar con alguien que escribe desde la verdad.

Y con un Dios que **nunca se fue**, incluso cuando todos los demás lo hicieron. Un Dios que no necesitaba que estuvieras fuerte para acercarse. Un Dios que **sabe reconstruir desde las ruinas**. Este devocional es un camino de 30 días. No para olvidarte del dolor, sino para atravesarlo con sentido. Cada día tiene una verdad que necesitaba escuchar yo mismo. Cada página es un espejo, una oración, una chispa. Un pequeño paso para que tu fe no muera, aunque el amor humano te haya fallado. No estás solo. Nunca lo estuviste.

Dios no dejó de escribir contigo.

Cómo usar este devocional

Este devocional está diseñado para acompañarte en uno de los momentos más frágiles de la vida: cuando el amor te rompe y no sabes cómo seguir.

Aquí no hay reglas rígidas. No tienes que estar bien para empezar. Solo necesitas estar dispuesto a dar un paso —aunque sea pequeño— hacia la sanidad.

Cada día encontrarás cinco elementos: **Un título** que refleja una verdad emocional o espiritual. **Un versículo bíblico** que sirve como ancla y verdad sobre la cual construir. **Una reflexión devocional** escrita desde la experiencia, con profundidad y sin adornos.

Una oración breve, sincera, que puedes hacer tuya. **Una pregunta o acción para el alma**, diseñada para que no leas pasivamente, sino que te confrontes, escribas, pienses o simplemente respires con intención.

Algunas recomendaciones para el camino: Lee **un día a la vez**. Resiste la tentación de ir rápido. No es una carrera. Ten un cuaderno o notas a mano. Escribir lo que sientes puede ayudarte más de lo que crees.

Si un día te duele demasiado, está bien parar. Dios no tiene prisa contigo. Puedes volver a releer los días que más te hablen. Este es un camino cíclico, no lineal.

Ora como puedas. Si no tienes palabras, solo quédate en silencio. Dios igual escucha. Y sobre todo, recuerda esto:

No estás solo en esta reconstrucción.

Día a día, Dios va a tomar tu historia —por rota que esté— y escribir algo nuevo.

Día 1

El amor me rompió, pero no me destruyó

Versículo del día:

"Estamos atribulados en todo, pero no angustiados; en apuros, pero no desesperados; perseguidos, pero no desamparados; derribados, pero no destruidos." — 2 Corintios 4:8–9 (RVR1960)

Devocional

No fue solo una ruptura. Fue una pérdida interior. No se trató solo de alguien que se fue, sino de todo lo que se llevó consigo: tu paz, tu identidad, tus planes. Y aunque los demás no lo vean, tú sabes que no volviste a ser el mismo desde ese momento. Cuando el amor falla, algo dentro se desploma. Te empiezas a cuestionar todo: lo que diste, lo que esperabas, lo que creías. Y en el fondo, te preguntas si algo en ti estuvo mal desde el principio. Porque el dolor no solo rompe el corazón… rompe también la percepción de uno mismo. Pero hay algo que no se rompió: **Dios no te soltó**. Este día, este primer paso, no es para negar lo que pasó. Es para afirmarte en algo más grande: **Estás roto, pero no destruido.**

Estás de pie, aunque débil. Y eso ya es una victoria. Dios no necesita que estés completo para empezar a sanar. Él no exige que entiendas todo antes de acercarte. Él ve las ruinas… y aún así decide quedarse. Lo que estás viviendo no es tu final. Aunque el amor humano te haya fallado, **la fidelidad de Dios no depende del comportamiento de nadie más**. Él permanece cuando todo se va. Él reconstruye cuando tú ya no sabes por dónde empezar. Este es el primer día. No de olvidar. Sino de empezar a sanar.

Oración del día

Dios mío,

hoy empiezo este camino con más preguntas que respuestas, pero decido creerte más a Ti que a lo que siento. Estoy roto… pero no quiero quedarme así. Te entrego mis pedazos. Haz con ellos lo que yo ya no puedo.

Amén.

Pregunta para el alma

¿Qué parte de mí he considerado destruida… y Dios aún puede restaurar?

Espacio para mis reflexiones

Este espacio es tuyo. No hay respuestas correctas, ni oraciones perfectas. Solo deja que tu alma escriba lo que necesite sacar hoy.

¿Qué te habló Dios en este día? ¿Qué verdad resuena en ti? ¿Qué decisión quieres tomar a partir de lo que leíste?

Día 2

No fui suficiente para quien prometió quedarse

Versículo del día:

"Yo te amé con amor eterno; por eso te prolongué mi misericordia." — Jeremías 31:3 (RVR1960)

Devocional

"No fui suficiente." Esa frase no te la dijeron con palabras, pero la sentiste en el abandono, en la distancia, en los silencios que reemplazaron a las promesas. Te esforzaste por ser mejor. Por no fallar. Por complacer, por mantener viva una relación que ya estaba fracturada desde el otro lado.

Y aun así, se fueron. Se cansaron. Te dejaron. Y sin darte cuenta, lo que hicieron comenzó a definir quién crees que eres. Como si su partida fuera la prueba de que no valías lo suficiente. Como si tu valor se midiera por la permanencia de otros. Pero no es verdad. **No fuiste dejado por ser menos. Fuiste dejado porque el otro no supo o no quiso quedarse.** Eso habla más de sus vacíos que de tu esencia. Dios no te ve con ojos humanos. Él no pone tu valor en duda según tus errores, ni según las decisiones ajenas.

Él no se aleja cuando no entiendes. Él no se cansa cuando estás roto. Él **no se va cuando no puedes dar más.** Tú sigues siendo suficiente. Suficientemente amado. Suficientemente digno. Suficientemente valioso… porque Él te lo dijo, no porque alguien se quedó o se fue. Este devocional no es para que olvides lo que pasó. Es para que recuerdes **quién eres más allá del rechazo.**

Oración del día

Señor,

el rechazo me hizo dudar de mí. Hoy te pido que limpies mi mirada, que no me vea más con los ojos de quien me dejó. Recuérdame que no necesito ser perfecto para ser amado por Ti. Hazme libre de lo que creí que me faltaba.

Amén.

Pregunta para el alma

¿Estoy creyendo que no valgo porque alguien no se quedó? ¿Y si su decisión no tenía nada que ver con mi valor?

Espacio para mis reflexiones

Este espacio es tuyo. No hay respuestas correctas, ni oraciones perfectas. Solo deja que tu alma escriba lo que necesite sacar hoy.

¿Qué te habló Dios en este día? ¿Qué verdad resuena en ti? ¿Qué decisión quieres tomar a partir de lo que leíste?

Día 3

La traición no fue el final

Versículo del día:

"El Señor está cerca de los quebrantados de corazón, y salva a los de espíritu abatido." — Salmo 34:18 (NVI)

Devocional

La traición tiene su propia forma de romperte. No solo se lleva al otro… también se lleva tu confianza, tu seguridad, tus ganas de volver a creer. Es una herida silenciosa y punzante. Porque no solo duele lo que te hicieron… duele **quién lo hizo**.

No era un enemigo. Era alguien a quien amabas, alguien en quien confiabas, alguien que dijo que nunca haría eso. Y entonces llega esa frase cruel al alma: **"Me cambiaron."**

Y con ella, el veneno del pensamiento: *si me cambiaron es porque no valía, porque otro era mejor, porque fallé, porque no merezco fidelidad...*

Pero no. La traición habla del traidor, no del traicionado. Habla de una decisión egoísta, no de tu valor como persona. Dios conoce ese dolor. Jesús fue traicionado con un beso por alguien que caminó con Él durante años. Él sabe lo que es ser herido por alguien cercano. Y por eso, cuando tú vives algo así, **Él no te mira desde lejos.**

Se sienta a tu lado. La traición te marcó. Pero no te define. No es el final. **Es una página amarga… en una historia que aún puede terminar en redención.** Hoy es un buen día para soltar lo que te hiciste creer por causa de lo que te hicieron.

Oración del día

Señor,

la traición me llenó de dudas, rabia y desconfianza. Tú sabes cómo duele. No quiero cargar con lo que no elegí. Devuélveme la paz que perdí en ese momento. Y ayúdame a soltar todo lo que me envenena por dentro.

Amén.

Pregunta para el alma

¿Qué mentira sobre mí mismo creí después de ser traicionado? ¿Qué verdad de Dios necesito abrazar hoy en su lugar?

Espacio para mis reflexiones

Este espacio es tuyo. No hay respuestas correctas, ni oraciones perfectas. Solo deja que tu alma escriba lo que necesite sacar hoy.

¿Qué te habló Dios en este día? ¿Qué verdad resuena en ti? ¿Qué decisión quieres tomar a partir de lo que leíste?

Día 4

Estoy roto, pero no estoy solo

Versículo del día:

"Nunca te dejaré; jamás te abandonaré." — Hebreos 13:5b (NVI)

Devocional

Hay momentos en que te rodea gente, y sin embargo, te sientes completamente solo. Te vistes, trabajas, hablas... pero por dentro llevas una fractura que nadie ve. Y cuando el dolor no es comprendido, **se vuelve más pesado**.

Es fácil creer que a nadie le importa. Que nadie lo nota. Que estás atravesando esto solo. Pero no estás solo. Y no lo digo como una frase espiritual vacía. Lo digo porque he estado ahí.

Y lo digo porque **Dios nunca ha dejado de estar cerca de los que están rotos por dentro**.

No necesitas tener la fe resuelta. No necesitas orar con las palabras correctas. Ni siquiera necesitas sentirlo para que sea real. Su promesa no cambia con tu estado de ánimo:

"Nunca te dejaré; jamás te abandonaré." Dios no es como los que se fueron. Él no ama condicionado. Él no huye cuando te rompes.

Él **se queda mientras sanas**. Estás roto, sí. Pero no olvidado. No invisible. Y definitivamente, **no solo**.

Este día no te pide que estés fuerte. Solo te invita a reconocer quién camina contigo, incluso en tu peor momento.

Oración del día

Dios,

a veces me siento invisible, como si este dolor no importara a nadie. Pero hoy elijo creerte a Ti más que a mis emociones. Quédate conmigo. Sostén lo que yo ya no puedo sostener.

Amén.

Pregunta para el alma

¿He confundido el silencio de Dios con ausencia? ¿Y si siempre ha estado, incluso en lo más roto de mí?

Espacio para mis reflexiones

Este espacio es tuyo. No hay respuestas correctas, ni oraciones perfectas. Solo deja que tu alma escriba lo que necesite sacar hoy.

¿Qué te habló Dios en este día? ¿Qué verdad resuena en ti? ¿Qué decisión quieres tomar a partir de lo que leíste?

Día 5

Cuando el silencio duele más que las palabras

Versículo del día:

"Aun cuando no pueda ver, confío en Ti; mi esperanza está en tu palabra."
— Salmo 119:114 (parafraseado)

Devocional

A veces, el dolor no viene por lo que escuchaste, sino por lo que **no** escuchaste. Por ese mensaje que nunca llegó. Esa disculpa que no existió. Esa conversación que se quedó pendiente. Y más aún: por ese silencio de Dios que, en medio de tu caos, parece insoportable. Te preguntas por qué no te respondió. Por qué no evitó esto. Por qué no gritó "¡cuidado!" cuando tú te entregabas por completo.

El silencio duele. Duele más cuando estás esperando que alguien —humano o divino— diga algo que sane, que explique, que salve. Pero hay algo que he aprendido: **El silencio de Dios no es su ausencia.**

Y aunque no siempre responde en el momento ni de la forma que queremos, Él no es indiferente a nuestro sufrimiento. Dios puede estar en silencio… y aún así estar obrando. Jesús mismo vivió ese silencio en Getsemaní. Oró, suplicó… y no recibió una respuesta inmediata. No fue menos amado. No fue olvidado. Solo estaba en el centro de un plan que todavía no podía ver. Y tú también estás en medio de algo que aún no está terminado. No siempre entenderás. Pero sí puedes decidir: **¿Voy a dejar que el silencio me hunda, o voy a quedarme firme creyendo que Él sigue ahí?**

Oración del día

Señor,

no entiendo tu silencio. Me duele, me confunde… y a veces me hace sentir abandonado. Pero hoy, aunque no escuche nada, elijo quedarme contigo. Sostén mi fe cuando se sienta sola.

Amén.

Pregunta para el alma

¿Estoy esperando respuestas… o estoy buscando presencia? ¿Y si lo que más necesito no es una explicación, sino saber que Él está conmigo?

Espacio para mis reflexiones

Este espacio es tuyo. No hay respuestas correctas, ni oraciones perfectas. Solo deja que tu alma escriba lo que necesite sacar hoy.

¿Qué te habló Dios en este día? ¿Qué verdad resuena en ti? ¿Qué decisión quieres tomar a partir de lo que leíste?

Día 6

El abandono de alguien, la permanencia de Dios

Versículo del día:

"Aunque mi padre y mi madre me abandonen, el Señor me recibirá." — Salmo 27:10 (NVI)

Devocional

El abandono tiene eco. No solo te deja solo en el momento… te hace sentir que **si alguien que te amaba se fue, cualquiera puede irse**. Te condiciona a pensar que nadie se queda. Que si no pudiste sostener una relación, tampoco mereces una conexión duradera, ni siquiera con Dios. Y sin darte cuenta, **proyectas sobre Dios lo que te hizo esa persona**. Si él o ella se fue sin mirar atrás, ¿cómo confiar en un Dios invisible que también parece callado?

Si quien prometió quedarse te soltó, ¿cómo creer que alguien más —incluso Dios— no hará lo mismo? Pero Dios no ama como nosotros. Dios no abandona cuando estás mal. Dios **no cambia de opinión** sobre ti por lo que hiciste o dejaste de hacer. Él te recibe. No cuando estés fuerte. No cuando estés "mejor".

Te recibe **así como estás hoy**: con tus miedos, tu desconfianza, tu corazón medio apagado. No tienes que ganarte su presencia. No tienes que esforzarte para que Él se quede. Él **ya está ahí**. Y no se va. Puede que otros te hayan fallado. Puede que su ausencia todavía duela. Pero no confundas esa herida con el carácter de Dios.

Lo humano puede abandonar. Lo divino permanece.

Oración del día

Padre,

me cuesta creer que alguien quiera quedarse conmigo cuando otros se han ido. Sana en mí ese eco del abandono. Ayúdame a confiar de nuevo en tu permanencia. Enséñame que no todos se van… que Tú no lo harás.

Amén.

Pregunta para el alma

¿He puesto a Dios en la misma categoría que los que me fallaron? ¿Y si Él quiere enseñarme que Su amor no se va… ni se cansa?

Espacio para mis reflexiones

Este espacio es tuyo. No hay respuestas correctas, ni oraciones perfectas. Solo deja que tu alma escriba lo que necesite sacar hoy.

¿Qué te habló Dios en este día? ¿Qué verdad resuena en ti? ¿Qué decisión quieres tomar a partir de lo que leíste?

Día 7

¿Dónde estaba Dios cuando me dejaron?

Versículo del día:

"Tú llevas la cuenta de todas mis angustias y has recogido todas mis lágrimas en tu frasco." — Salmo 56:8 (NTV)

Devocional

No es una pregunta irreverente. Es una pregunta de dolor. De vacío. De incredulidad forzada por el golpe. **¿Dónde estaba Dios cuando me dejaron?** ¿Dónde estaba cuando esa promesa se rompió? ¿Dónde estaba cuando yo lloraba y oraba para que no pasara… y aun así pasó? Lo que duele no es solo lo que ocurrió, sino **sentir que Dios no hizo nada para evitarlo.** Y en el fondo, el corazón grita:

"Si me amas… ¿por qué no lo impediste?" No tengo una respuesta mágica. Tampoco tengo una explicación que lo haga todo entendible. Pero sí tengo esta verdad, que se volvió real para mí en medio de mi propio abandono: **Dios no se fue cuando ellos se fueron. Él estaba ahí. No pasivo, sino sosteniéndome. No ausente, sino recogiendo cada lágrima que nadie más vio.** A veces confundimos la falta de intervención con falta de amor. Pero Dios no es un guardia de seguridad emocional. Él no forza voluntades humanas para evitar que nos lastimen. Pero **sí promete estar cerca, restaurar, sanar, y usar incluso eso que dolió para levantarnos más fuertes.** ¿Dónde estaba Dios cuando te dejaron? **Estaba al lado tuyo, aguantando el dolor contigo.** No lo impidió, pero tampoco lo ignoró. Y ahora, **está aquí para no dejarte hundir en lo que otros provocaron.**

Oración del día

Dios,

me cuesta entender por qué no detuviste lo que me rompió. Pero hoy, aunque sigo sin respuestas completas, elijo creer que no me soltaste. Quédate cerca. Hazme sentir lo que siempre fue verdad: que nunca estuve solo.

Amén.

Pregunta para el alma

¿Estoy esperando explicaciones de Dios… o quiero su compañía en medio del dolor? ¿Y si su presencia vale más que una respuesta?

Espacio para mis reflexiones

Este espacio es tuyo. No hay respuestas correctas, ni oraciones perfectas. Solo deja que tu alma escriba lo que necesite sacar hoy.

¿Qué te habló Dios en este día? ¿Qué verdad resuena en ti? ¿Qué decisión quieres tomar a partir de lo que leíste?

Día 8

Luché solo... pero ya no lo haré sin propósito

Versículo del día:

"El Señor peleará por vosotros, y vosotros estaréis tranquilos." — Éxodo 14:14 (RVR1960)

Devocional

Amar a alguien no siempre significa luchar a la par. A veces significa **luchar solo**, cargando la relación sobre tus hombros mientras el otro se va dejando caer. Disculparte por cosas que no hiciste. Tratar de salvar lo que el otro ya dejó morir. Rogar, negociar, insistir, justificar… hasta quedarte sin fuerzas.

Quizás tú fuiste esa persona. El que dio todo. El que aguantó más de la cuenta. El que creyó que si luchaba lo suficiente, el amor sobreviviría. Pero no se puede amar por dos. Y no todo lo que se rompe vale la pena volver a pegar. Hoy no se trata de rendirte. Se trata de **dejar de desgastarte sin propósito.**

Dejar de intentar resucitar lo que Dios ya te está pidiendo que sueltes. Dios no te creó para arrastrarte en relaciones unilaterales. Tampoco te llamó a perderte mientras tratas de salvar a alguien que ya te soltó.

Él quiere que luches por ti, por tu paz, por tu restauración, por tu propósito. Ya luchaste solo. Ahora es tiempo de **luchar con Dios… por lo que realmente vale.**

Oración del día

Señor,

he gastado tanto luchando por alguien que no quiso luchar conmigo. Hoy no quiero seguir agotándome sin sentido. Enseñame a poner mis fuerzas donde Tú estás. Enséñame a pelear por lo que me sana, no por lo que me destruye.

Amén.

Pregunta para el alma

¿Por quién o por qué estoy luchando?

¿Sigo insistiendo donde Dios ya cerró la puerta... por miedo a soltar?

Espacio para mis reflexiones

Este espacio es tuyo. No hay respuestas correctas, ni oraciones perfectas. Solo deja que tu alma escriba lo que necesite sacar hoy.

¿Qué te habló Dios en este día? ¿Qué verdad resuena en ti? ¿Qué decisión quieres tomar a partir de lo que leíste?

Día 9

Amar no fue mi error

Versículo del día:

"El amor es paciente, es bondadoso... no se alegra de la injusticia, sino que se regocija con la verdad." — 1 Corintios 13:4,6 (NVI)

Devocional

Después de todo lo que pasó, quizá te preguntaste:

¿Cómo fui tan ingenuo? ¿Cómo pude amar así? ¿Por qué no vi las señales?

Y ahí comienza una autocrítica feroz que **confunde el amor con la culpa**. Pero no. **Amar no fue tu error.**

Lo que hiciste —amar de verdad, entregarte, confiar— **no te hace débil ni tonto. Te hace humano. Te hace valiente.** El amor que diste, aunque no fue correspondido o valorado, **dice más de ti que de quien lo rechazó**. Tu amor no fue perfecto, pero fue real. Y real vale más que cualquier fachada. Tu error no fue amar. Quizás tu error fue no poner límites. O quedarte cuando ya sabías que era hora de irte. Pero el amor en sí mismo **no fue el problema**.

Vivimos en un mundo que aplaude a los que se protegen… y se burla de los que aman. Pero Dios no es así. Dios **es** amor. Y cuando tú amaste, aún con todo lo que falló, estabas reflejando una parte de Él. No necesitas avergonzarte por haber amado. No necesitas cargar ese peso como si hubieras hecho algo mal. Amar no fue tu error.

No volver a creer en el amor sí lo sería.

Oración del día

Padre,

he confundido mi dolor con culpa. He creído que por amar merezco este sufrimiento. Hoy te entrego esa mentira. Recuérdame que el amor es tu lenguaje… y que amar no me rebaja. Me dignifica.

Amén.

Pregunta para el alma

¿He estado castigándome por haber amado? ¿Qué pasaría si hoy acepto que ese amor fue una expresión de mi valor, no una señal de debilidad?

Espacio para mis reflexiones

Este espacio es tuyo. No hay respuestas correctas, ni oraciones perfectas. Solo deja que tu alma escriba lo que necesite sacar hoy.

¿Qué te habló Dios en este día? ¿Qué verdad resuena en ti? ¿Qué decisión quieres tomar a partir de lo que leíste?

Día 10

Dios también llora conmigo

Versículo del día:

"Jesús lloró." — Juan 11:35 (RVR1960)

Devocional

Hay un momento en el Evangelio que no necesita explicación teológica: Jesús llegó frente a una tumba, vio el llanto de los que amaba… y **lloró con ellos**. No dio una prédica. No dijo "tengan fe". **Lloró.** ¿Sabes lo que eso significa? Que Dios **no se limita a observar tu dolor desde lejos**.

Él no es frío, ni teórico, ni neutral. Cuando tú lloras, Él siente. Cuando te fallaron, cuando te rompieron, cuando te dejaron solo…

Él estaba ahí. Y le dolió también.

Dios no es indiferente a tus lágrimas. No las minimiza. No te dice "ya supera eso". Él las recoge. Las honra. Y las convierte en semilla de algo nuevo. En un mundo que te exige estar bien, que te dice "sé fuerte", que no tiene paciencia para tu duelo, Dios **no se molesta con tu llanto**.

Él se queda. Se acerca. Y llora contigo. Este es el fin de una etapa. Pero no es el fin del proceso. Si has llegado hasta aquí, aún con el alma a pedazos, **Dios ha estado a tu lado en cada línea, en cada oración, en cada silencio.**

Y desde este punto, con Él, empezamos a sanar.

Oración del día

Jesús,

gracias por no ser un Dios distante. Gracias por quedarte conmigo en medio del llanto. Hoy no necesito soluciones. Solo necesito saber que estás conmigo. Y saber que me entiendes.

Amén.

Pregunta para el alma

¿He tratado de ocultarle mi dolor a Dios? ¿Y si hoy simplemente dejo que Él me acompañe, sin filtros, sin explicaciones?

Has llegado hasta aquí cargando el peso de un quebranto real. No hemos tapado las heridas. No hemos dicho "todo está bien" cuando no lo está. Pero ahora es tiempo de moverse.

No para ignorar lo que pasó. Sino para empezar a sanar desde la raíz. En la siguiente etapa, no vas a leer consejos mágicos. Vas a trabajar con Dios en las áreas internas que necesitan ser limpiadas, reconstruidas y liberadas. No se trata de correr. Se trata de caminar con intención hacia la sanidad verdadera.

Prepárate.

Tu alma necesita lo que viene.

Lo que Dios me está mostrando

Día 11

Lo que se rompe, Dios lo rediseña

Versículo del día:

"Y el vaso de barro se rompió en las manos del alfarero; entonces volvió y lo hizo otro vaso, según le pareció mejor hacer." — Jeremías 18:4 (RVR1960)

Devocional

Te han enseñado que lo roto pierde valor. Que lo que se quiebra es reemplazado, desechado, olvidado. Pero Dios no trabaja con esa lógica. **Dios no desecha lo que se rompe. Dios lo rediseña.** El profeta Jeremías tuvo una visión: Un alfarero trabajando en el torno. El barro se le rompió en las manos. Pero el alfarero no lo tiró. Lo tomó de nuevo y **volvió a darle forma, según lo que Él sabía que era mejor.** Eso es exactamente lo que Dios quiere hacer contigo. No te va a rehacer igual. No va a devolverte a lo que fuiste antes del dolor. **Te va a rediseñar.** El quebranto no fue el fin de tu propósito. Fue el punto donde Dios dijo:

"Ahora sí estás en mis manos, completamente dependiente de Mí, sin orgullo, sin máscaras… listo para ser rediseñado."

Quizás tú querías que Dios arreglara la relación. O que te devolviera lo que perdiste. Pero Dios está más interesado en lo que Él quiere construir contigo, no en restaurar exactamente lo que tú habías planeado. Hoy no se trata de volver a ser quien eras. Hoy se trata de **convertirte en lo que Dios siempre quiso hacer contigo, incluso a través de este dolor.**

Oración del día

Alfarero eterno,

me siento como ese barro roto. Quiero volver a tener forma, pero no quiero vivir reparando lo mismo una y otra vez. Rediseñame como Tú sabes. Haz de mí algo que refleje Tu propósito, no mis planes.

Amén.

Pregunta para el alma

¿Estoy pidiéndole a Dios que me devuelva lo que perdí… o estoy dispuesto a ser rediseñado, aunque sea diferente a lo que imaginé?

Espacio para mis reflexiones

Este espacio es tuyo. No hay respuestas correctas, ni oraciones perfectas. Solo deja que tu alma escriba lo que necesite sacar hoy.

¿Qué te habló Dios en este día? ¿Qué verdad resuena en ti? ¿Qué decisión quieres tomar a partir de lo que leíste?

Día 12

Dejo de cargar culpas que no me pertenecen

Versículo del día:

"Vengan a mí todos ustedes que están cansados y agobiados, y yo les daré descanso." — Mateo 11:28 (NVI)

Devocional

Hay culpas que no son tuyas. Cargas que recogiste por costumbre, por miedo, o porque nadie más quiso hacerse responsable. Te culpaste por no haber visto las señales. Te culpaste por amar de más. Te culpaste por no ser lo que el otro necesitaba. Y ahora, llevas un peso que **ni siquiera Dios te pidió cargar.** No todo lo que salió mal fue tu culpa. No todas las fracturas de la relación fueron consecuencia de tus errores. Sí, pudiste fallar en cosas. Pero **no puedes cargar con el peso de lo que el otro decidió.**

Jesús dijo: *"Vengan a mí los cansados, los agobiados…"*

No habló de los perfectos. Habló de los que están agotados de arrastrar pesos que nunca les correspondieron. El enemigo quiere que vivas autocondenándote. Quiere que confundas culpa con responsabilidad. Pero Dios quiere que entiendas la diferencia: Ser responsable de tus actos es madurez. Pero **ser esclavo de culpas ajenas es una trampa.** Hoy es el día para empezar a soltar. A dejar de revivir escenas en tu mente que solo te envenenan. A quitarte de encima culpas que no te corresponden. A recibir el descanso que Jesús te ofrece, no por ser inocente… sino por ser amado.

Oración del día

Jesús,

me he puesto pesos que no me corresponden. He cargado culpas que no me llevan a ningún lado. Hoy te las entrego. Enséñame a distinguir entre lo que debo asumir… y lo que debo soltar. Dame el descanso que necesito.

Amén.

Pregunta para el alma

¿Qué culpas sigo arrastrando que no son mías? ¿Qué pasaría si hoy decido entregarlas a Dios y liberarme de esa carga?

Espacio para mis reflexiones

Este espacio es tuyo. No hay respuestas correctas, ni oraciones perfectas. Solo deja que tu alma escriba lo que necesite sacar hoy.

¿Qué te habló Dios en este día? ¿Qué verdad resuena en ti? ¿Qué decisión quieres tomar a partir de lo que leíste?

Día 13

Puedo llorar... y seguir creyendo

Versículo del día:

"Los que siembran con lágrimas, cosecharán con gritos de alegría." — Salmo 126:5 (NVI)

Devocional

A veces creíste que para ser fuerte tenías que tragarte las lágrimas. Que llorar era rendirse. Que mostrar el dolor era fallar en la fe. Pero te digo algo: **Llorar no es lo opuesto a creer.** Las lágrimas no son señal de derrota. Son la prueba de que has amado. Son la señal de que aún, en medio de la herida, tu alma está viva. Jesús lloró. David lloró. Jeremías lloró. No lloraron porque les faltara fe. Lloraron porque eran humanos. Lloraron **y aun así siguieron creyendo.** Tus lágrimas son semillas. Cada lágrima que cae es una oración silenciosa que Dios recoge.

El Salmo dice que "los que siembran con lágrimas, cosecharán con alegría."

Eso significa que tu llanto **no es estéril**.

Dios lo convierte en parte del proceso que más adelante traerá frutos de esperanza. No reprimas el llanto por miedo a parecer débil. No te obligues a aparentar fortaleza falsa. Llora… pero no dejes de creer. Llora… pero no sueltes a Dios. Hoy no se trata de dejar de llorar. Se trata de llorar en el lugar correcto: **en Sus manos, no en la soledad.**

Oración del día

Señor,

he tratado de esconder mis lágrimas creyendo que son un problema. Pero hoy entiendo que también son parte de mi sanidad. Recibe mi llanto como oración. Dame la fuerza para seguir creyendo, incluso mientras lloro.

Amén.

Pregunta para el alma

¿He estado reprimiendo mi llanto por miedo a parecer débil? ¿Qué pasaría si hoy me permito llorar en la presencia de Dios?

Espacio para mis reflexiones

Este espacio es tuyo. No hay respuestas correctas, ni oraciones perfectas. Solo deja que tu alma escriba lo que necesite sacar hoy.

¿Qué te habló Dios en este día? ¿Qué verdad resuena en ti? ¿Qué decisión quieres tomar a partir de lo que leíste?

Día 14

Soltar no siempre es rendirse

Versículo del día:

"Echando toda vuestra ansiedad sobre él, porque él tiene cuidado de vosotros." — 1 Pedro 5:7 (RVR1960)

Devocional

Nos enseñaron que rendirse es perder. Que soltar es abandonar. Que si amas, tienes que aguantar, luchar, insistir… hasta las últimas consecuencias. Pero la verdad es que **soltar no siempre es rendirse**. A veces, soltar es el acto más valiente de fe.

Es decir: *"Dios, esto ya no lo puedo sostener yo. Aquí te lo entrego."*

Soltar no significa que no te importó. No significa que no diste todo lo que podías. Significa que has entendido que **tu valor no depende de mantener lo que el otro no quiere sostener.** No puedes seguir amarrado a lo que te drena el alma. No puedes seguir cargando lo que te pertenece a ti, pero también lo que corresponde a otros. Hay batallas que Dios no te pidió pelear solo. Y hay cargas que Él te pide soltar, no porque seas débil, sino porque **no fuiste diseñado para cargarlas indefinidamente.**

Soltar no es rendirse. Es reconocer que Dios tiene cuidado de ti. Es confiar en que, a veces, la libertad llega cuando dejas ir lo que ya no suma vida. Hoy no es un llamado a olvidar todo de golpe. Pero sí es una invitación a soltar el control. A dejar en manos de Dios lo que ya te está robando más de lo que te aporta.

Oración del día

Padre,

me cuesta soltar. He confundido la perseverancia con la terquedad. Hoy te entrego lo que me está desgastando. Te lo entrego no porque me rindo, sino porque sé que Tú cuidas de mí. Ayúdame a confiar en tus manos más que en mis fuerzas.

Amén.

Pregunta para el alma

¿Qué sigo intentando sostener con mis fuerzas… que Dios me está pidiendo soltar? ¿Y si soltar es la forma en que Él quiere cuidarme?

Espacio para mis reflexiones

Este espacio es tuyo. No hay respuestas correctas, ni oraciones perfectas. Solo deja que tu alma escriba lo que necesite sacar hoy.

¿Qué te habló Dios en este día? ¿Qué verdad resuena en ti? ¿Qué decisión quieres tomar a partir de lo que leíste?

Día 15

No necesito entender para confiar

Versículo del día:

"Confía en el Señor de todo corazón y no te apoyes en tu propia prudencia."
— Proverbios 3:5 (RVR1960)

Devocional

Queremos entenderlo todo. Saber por qué pasó. Por qué no funcionó. Por qué, si amaste tanto, terminaste con el corazón en pedazos. Pero hay dolores que no tienen explicación inmediata. Y seguir buscando razones donde no las hay **solo profundiza la herida.**

Dios no te pide que entiendas. Te pide que confíes. No porque seas ingenuo, sino porque Él ve más allá de lo que tú puedes ver. Confiar no es cerrar los ojos a la realidad. Es reconocer que tu visión es limitada. Es aceptar que tus fuerzas no alcanzan para sostener todo.

Es descansar en que, aunque no lo entiendas, Dios sí tiene el control.

Hay cosas que un día, en perspectiva, entenderás. Pero hay otras que quizás no comprenderás en esta vida. Y aun así, **puedes caminar en paz si decides confiar en Él.**

Hoy no necesitas entender. Solo necesitas seguir de Su mano.

Oración del día

Señor,

estoy cansado de buscar respuestas que no llegan. Hoy no te pido explicaciones. Te pido confianza. Ayúdame a soltar la necesidad de entender, y a abrazar la certeza de que Tú sabes lo que haces.

Amén.

Pregunta para el alma

¿Estoy aplazando mi sanidad esperando entenderlo todo? ¿Y si confiar es el paso que necesito dar aunque las respuestas no lleguen?

Espacio para mis reflexiones

Este espacio es tuyo. No hay respuestas correctas, ni oraciones perfectas. Solo deja que tu alma escriba lo que necesite sacar hoy.

¿Qué te habló Dios en este día? ¿Qué verdad resuena en ti? ¿Qué decisión quieres tomar a partir de lo que leíste?

Día 16

Hoy elijo no perseguir a quien se fue

Versículo del día:

"Dejen de fijarse en las cosas de antaño; ya no vivan en el pasado. Voy a hacer algo nuevo." — Isaías 43:18-19 (NVI)

Devocional

Perseguir no siempre es literal. A veces persigues a alguien con tus pensamientos. Persigues con tus suposiciones, con tus ganas de obtener una explicación, una disculpa, un cierre. Vuelves a mirar su perfil. Revisas mensajes antiguos. Revives conversaciones en tu mente. Intentas buscar razones... o incluso imaginar una reconciliación. Pero el desgaste es brutal. Porque **no puedes retener a quien ya decidió irse.** Y cuanto más persigues, más te pierdes tú mismo en el intento. Hoy no te digo que sea fácil soltar esa necesidad. Pero sí te digo que es necesario. Porque mientras sigas mirando hacia atrás, **te estás perdiendo lo nuevo que Dios quiere hacer delante de ti.** No es orgullo. No es indiferencia. Es amor propio sano. Es aceptar que el amor no se fuerza. Es decidir que tu energía vale más que insistir donde ya no hay reciprocidad. Dios no te diseñó para quedarte atado a quien ya soltó tu mano. Él tiene algo nuevo. Pero no lo podrás ver mientras sigas persiguiendo lo que se fue. Hoy es el día para decir:

"Ya no corro más detrás de quien decidió irse.

Ahora camino hacia lo que Dios tiene para mí."

Oración del día

Padre,

me cuesta soltar la necesidad de perseguir. Sigo esperando respuestas, reconciliaciones, explicaciones. Pero hoy elijo parar. No quiero gastar más de mí mismo donde ya no me corresponde. Guíame hacia lo nuevo que Tú tienes para mí.

Amén.

Pregunta para el alma

¿A quién sigo persiguiendo emocionalmente? ¿Qué pasaría si hoy decido dejar de correr tras lo que ya no quiere estar?

Espacio para mis reflexiones

Este espacio es tuyo. No hay respuestas correctas, ni oraciones perfectas. Solo deja que tu alma escriba lo que necesite sacar hoy.

¿Qué te habló Dios en este día? ¿Qué verdad resuena en ti? ¿Qué decisión quieres tomar a partir de lo que leíste?

Día 17

Perdonar no excusa, pero me libera a mí

Versículo del día:

"Soportándoos unos a otros, y perdonándoos unos a otros si alguno tuviere queja contra otro; de la manera que Cristo os perdonó, así también hacedlo vosotros." — Colosenses 3:13 (RVR1960)

Devocional

Perdonar no es decir que estuvo bien. No es minimizar la herida. No es hacer como si nada hubiera pasado. A veces, la sola idea de perdonar suena como una ofensa más, porque te enseñaron que perdonar es liberar al otro de su culpa. Pero la realidad es otra: **Perdonar no es excusar al que te falló... es liberar tu alma del peso que dejó.**

El resentimiento te ata al pasado. Hace que la herida siga abierta, sangrando cada vez que recuerdas. Y mientras guardas esa amargura, el único corazón que sigue lastimado es el tuyo. El perdón no es un acto de debilidad. Es una decisión valiente de decir:

"No quiero ser esclavo de esta herida por el resto de mi vida."

Perdonar no significa reconciliación. No significa volver a confiar ciegamente. No significa que el otro merezca nada. Significa que **tú eliges no cargar más con lo que ya no quieres que te consuma.** Cristo te perdonó sin que tú lo merecieras. Él no justificó tu pecado. Pero sí eligió no dejar que eso lo separara de ti. Hoy es un buen día para soltar. Para decidir que tu corazón vale más que mantener abierta la herida. **El perdón no justifica... pero sí libera.**

Oración del día

Señor,

sé que me llamas a perdonar, pero me cuesta. No quiero excusar lo que me hicieron, pero tampoco quiero vivir atado a esta amargura. Hoy te entrego esa herida. Ayúdame a liberar mi corazón del veneno que me está apagando. Enséñame a perdonar como Tú lo haces.

Amén.

Pregunta para el alma

¿Qué me está robando más paz: la herida que me hicieron… o el resentimiento que sigo cargando? ¿Y si hoy decido perdonar, no por ellos, sino por mí?

Espacio para mis reflexiones

Este espacio es tuyo. No hay respuestas correctas, ni oraciones perfectas. Solo deja que tu alma escriba lo que necesite sacar hoy.

¿Qué te habló Dios en este día? ¿Qué verdad resuena en ti? ¿Qué decisión quieres tomar a partir de lo que leíste?

Día 18

Dios no me dejó en ruinas

Versículo del día:

"Y restauraré las ruinas antiguas; levantaré los escombros de antaño; reedificaré las ciudades arruinadas." — Isaías 61:4 (RVR1960)

Devocional

Cuando te miras por dentro, a veces solo ves ruinas. Fragmentos de lo que fuiste. Sueños caídos, promesas incumplidas, relaciones que terminaron en polvo. El dolor te hace creer que así quedaste. En ruinas. Como si ya no hubiera posibilidad de levantarte.

Pero **Dios no te dejó en ruinas.** Dios no es un espectador pasivo ante tu quiebre. Él es un Dios que reconstruye, que edifica sobre los escombros, que no se asusta del polvo.

La ruina, en manos de Dios, no es el final. Es el lugar donde empieza una obra nueva. Donde lo que se rompió ya no se repara como antes, sino que se transforma en algo con propósito eterno. Isaías dice que Dios **reconstruirá las ruinas antiguas**.

Eso significa que no solo puede restaurar lo reciente, sino también lo que lleva años caído dentro de ti. No te defines por el estado en el que estás ahora. Tus ruinas son el punto de partida de Dios. Él no te dejó abandonado en medio de los escombros. **Él sigue aquí, con los planos de tu restauración en Sus manos.**

Oración del día

Señor,

a veces me siento como si mi vida fueran solo ruinas. Pero hoy quiero creer que Tú no me dejaste ahí tirado. Toma mis escombros y empieza de nuevo. Haz de mí una obra tuya, no una reconstrucción forzada por mis fuerzas. Estoy en tus manos.

Amén.

Pregunta para el alma

¿He asumido que mis ruinas son mi final? ¿Qué pasaría si hoy empiezo a verlas como el terreno donde Dios quiere edificar algo nuevo?

Espacio para mis reflexiones

Este espacio es tuyo. No hay respuestas correctas, ni oraciones perfectas. Solo deja que tu alma escriba lo que necesite sacar hoy.

¿Qué te habló Dios en este día? ¿Qué verdad resuena en ti? ¿Qué decisión quieres tomar a partir de lo que leíste?

Día 19

Dios está sanando lo que nadie ve

Versículo del día:

"Yo sanaré su infidelidad; los amaré de pura gracia, porque mi ira se ha apartado de ellos." — Oseas 14:4 (NVI)

Devocional

No todas las heridas se ven. No todas las fracturas son evidentes a simple vista. A veces, las heridas más profundas son las que llevas en el alma: Traiciones que marcaste con silencio. Palabras que quedaron resonando en tu mente. Rechazos que te hicieron sentir menos. Y mientras por fuera sonríes o intentas seguir, por dentro te preguntas:

"¿Alguna vez sanará esto? ¿Alguien siquiera nota lo que estoy cargando?"

Dios lo nota. Él no necesita ver lágrimas para saber que duele. Él no espera que expliques con palabras lo que ni tú entiendes. **Él ya está sanando lo que nadie más ve.** Su proceso no siempre es inmediato. La herida se cerrará desde adentro. Pero la mano de Dios está ahí, trabajando en capas profundas, más allá de lo visible. Aunque no sientas progreso. Aunque no veas resultados tangibles. Cada día, al buscarlo, **tu alma está siendo restaurada, pieza a pieza.**

No subestimes el proceso oculto. Dios es experto en sanar desde la raíz. Y cuando sea tiempo, lo que hoy está en silencio se transformará en testimonio.

Oración del día

Dios,

a veces siento que sigo igual, que no avanzo. Pero hoy quiero creer que Tú estás sanando lo que nadie ve. Sigue trabajando en mí, aunque mis ojos no lo noten todavía. No te detengas. Sana las grietas más profundas de mi alma.

Amén.

Pregunta para el alma

¿Estoy desanimado porque no veo avances visibles? ¿Y si hoy decido confiar en el proceso silencioso que Dios está haciendo en mi interior?

Espacio para mis reflexiones

Este espacio es tuyo. No hay respuestas correctas, ni oraciones perfectas. Solo deja que tu alma escriba lo que necesite sacar hoy.

¿Qué te habló Dios en este día? ¿Qué verdad resuena en ti? ¿Qué decisión quieres tomar a partir de lo que leíste?

Día 20

Soy más que lo que me rompió

Versículo del día:

"Ustedes son mi obra maestra, creados en Cristo Jesús para buenas obras."
— Efesios 2:10 (parafraseado)

Devocional

La herida fue real. El abandono fue real. La traición te marcó. Pero **no te define.** No eres la persona rota que otros dejaron atrás. No eres el error que cometiste. No eres la versión que alguien te hizo creer que eras.

Eres más que lo que te rompió. Eres obra de Dios. Diseño original. Y aunque hoy lleves cicatrices, esas marcas no son símbolo de derrota, sino de sanidad en proceso. El dolor puede haber formado parte de tu historia, pero **no tiene el derecho de escribir tu identidad.**

Tu valor viene de tu origen, no de tu experiencia. Vienes de Dios. Eres su obra maestra. Nada de lo que te pasó cambia eso. Hoy es un día para ponerle un alto a la narrativa del dolor.

No vas a vivir etiquetado por quien te falló. No vas a ser el producto de tu peor momento. Tú eres más. Y Dios está levantando esa versión tuya que el dolor no pudo destruir.

Oración del día

Señor,

por mucho tiempo me he definido por mis heridas. He permitido que lo que me rompió me etiquete. Pero hoy quiero creer Tu verdad: Que soy más que eso. Que soy Tu obra. Que no soy un accidente roto, sino un propósito en proceso.

Amén.

Pregunta para el alma

¿He estado creyendo que soy el reflejo de lo que me rompió? ¿Qué pasaría si empiezo a creer que soy la obra maestra de Dios, incluso con cicatrices?

Hasta aquí, has enfrentado el dolor.

Has soltado culpas. Has entendido que Dios no te dejó en ruinas. Pero esto no termina en estar "mejor". Dios no quiere dejarte a medio sanar. Ahora empieza un camino donde no solo vas a vivir restaurado, sino **con propósito**.

Una vida donde tu identidad ya no se define por el abandono, sino por el diseño original de Dios. En esta última etapa, vas a aprender a amar sin miedo, a caminar sin dependencias, y a levantarte con una visión nueva de ti mismo.

Prepárate, porque lo que viene no es sobrevivir...

Es vivir con libertad.

Verdades que empiezan a quedarse en mí

Día 21

No tengo que volver a ser el de antes

Versículo del día:

"El que está en Cristo es una nueva creación; lo viejo ha pasado, ha llegado ya lo nuevo." — 2 Corintios 5:17 (NVI)

Devocional

Una de las trampas más comunes después de un dolor profundo es pensar:

"Quiero volver a ser como era antes de esto."

Antes de la traición. Antes del abandono. Antes de la caída. Pero la verdad es que **no tienes que volver a ser el de antes.**

La meta no es reconstruir la versión antigua de ti. La meta es convertirte en alguien renovado, rediseñado, más auténtico. Lo que te pasó te cambió. Eso es real. Y no tienes que sentir culpa por no ser igual que antes. Pero en lugar de luchar por recuperar una identidad pasada, Dios quiere llevarte a una versión que **integre lo vivido, pero no quede atrapada en ello.**

Eres una nueva creación. No una copia reparada. No un proyecto incompleto. Una obra nueva. Lo viejo ya pasó. Las etiquetas, las culpas, las cadenas… Dios no quiere devolverte al "tú" de antes. Él quiere darte **un "tú" más alineado a Su propósito.**

Hoy no se trata de nostalgia por lo que fuiste. Se trata de fe en lo que puedes ser.

Oración del día

Dios,

por mucho tiempo he querido volver a ser quien era antes de la herida. Pero hoy entiendo que no es el camino. No quiero ser una versión antigua. Quiero ser quien Tú estás formando ahora. Hazme nuevo. Hazme libre.

Amén.

Pregunta para el alma

¿Estoy intentando volver a ser el de antes… en lugar de aceptar que Dios me está creando algo nuevo a partir de lo vivido?

Espacio para mis reflexiones

Este espacio es tuyo. No hay respuestas correctas, ni oraciones perfectas. Solo deja que tu alma escriba lo que necesite sacar hoy.

¿Qué te habló Dios en este día? ¿Qué verdad resuena en ti? ¿Qué decisión quieres tomar a partir de lo que leíste?

Día 22

Ya no espero de ellos lo que solo Dios puede dar

Versículo del día:

"Mi alma espera solamente en Dios; de él viene mi salvación." — Salmo 62:1 (RVR1960)

Devocional

Una de las razones por las que el dolor de la traición o el abandono golpea tan fuerte es porque, sin darnos cuenta, **pusimos en esa persona expectativas que solo Dios puede cumplir.**

Esperabas que te dieran identidad. Que te dieran seguridad. Que te hicieran sentir suficiente. Que llenaran vacíos que no se llenan con afecto humano. Y cuando fallaron, no solo se rompió la relación…

se rompió también esa ilusión de que el amor de otro podía completar lo que solo Dios puede hacer. Las personas fallan. A veces por debilidad, a veces por egoísmo, a veces por simple humanidad. Pero Dios no. No es malo esperar amor, respeto, lealtad de otros. Lo dañino es esperar que ellos te den lo que solo el Creador puede darte: Valor, propósito, paz interior, plenitud. Hoy es un buen día para alinear tus expectativas. Para decidir que **no vas a seguir esperando de otros lo que solo Dios puede darte.**

Para liberar a las personas de un peso que no pueden cargar. Y para reenfocar tu alma en quien nunca fallará.

Oración del día

Padre,

he buscado en otros lo que solo Tú puedes darme. He esperado que me completen, me validen, me llenen… y me he decepcionado. Hoy quiero poner mis expectativas en Ti. Enséñame a recibir de las personas lo que es sano, pero a depender solo de Ti para lo esencial.

Amén.

Pregunta para el alma

¿Qué estoy esperando de otros que en realidad solo Dios puede darme? ¿Cómo cambiaría mi paz si hoy decidiera depender emocionalmente solo de Él?

Espacio para mis reflexiones

Este espacio es tuyo. No hay respuestas correctas, ni oraciones perfectas. Solo deja que tu alma escriba lo que necesite sacar hoy.

¿Qué te habló Dios en este día? ¿Qué verdad resuena en ti? ¿Qué decisión quieres tomar a partir de lo que leíste?

Día 23

Volveré a amar sin miedo

Versículo del día:

"En el amor no hay temor, sino que el perfecto amor echa fuera el temor."
— 1 Juan 4:18 (RVR1960)

Devocional

Después de haber sido herido, la idea de amar de nuevo parece una amenaza. El corazón se vuelve más cauteloso, más cerrado, más desconfiado. Y sin darte cuenta, empiezas a pensar:

"No voy a permitir que me lastimen otra vez."

"No volveré a entregarme como antes." El miedo se disfraza de prudencia. Pero a veces, **no es sabiduría... es auto-protección mal entendida.** Dios no te diseñó para vivir a la defensiva. No te creó para amar a medias, esperando siempre el golpe. Te creó para amar con libertad, con propósito, con sabiduría, sí... pero también con valentía. El hecho de que alguien te falló no significa que el amor es peligroso. Significa que esa persona no supo cuidarte. Pero **tu capacidad de amar sigue siendo parte de tu diseño.** Hoy no te pido que corras a abrir tu corazón sin discernimiento. Pero sí te invito a decidir que **tu herida no va a tener la última palabra sobre tu capacidad de amar.** El amor verdadero, el que viene de Dios, **expulsa el miedo.** No porque no haya riesgo, sino porque tu identidad ya no está en juego. Amas desde la libertad, no desde la necesidad. Volverás a amar. Y esta vez, desde un corazón más sabio, más sano... y menos esclavo del miedo.

Oración del día

Señor,

tengo miedo de amar otra vez. No quiero repetir el dolor del pasado. Pero hoy te entrego ese miedo. No quiero vivir a la defensiva. Quiero amar con sabiduría, con libertad, y con confianza en Ti. Hazme libre.

Amén.

Pregunta para el alma

¿Estoy bloqueando mi capacidad de amar por miedo a volver a ser herido? ¿Qué pasaría si hoy decido que el amor —guiado por Dios— es más fuerte que el temor?

Espacio para mis reflexiones

Este espacio es tuyo. No hay respuestas correctas, ni oraciones perfectas. Solo deja que tu alma escriba lo que necesite sacar hoy.

¿Qué te habló Dios en este día? ¿Qué verdad resuena en ti? ¿Qué decisión quieres tomar a partir de lo que leíste?

Día 24

La restauración de mi identidad

Versículo del día:

"Pero ustedes son linaje escogido, real sacerdocio, nación santa, pueblo adquirido por Dios, para que anuncien las virtudes de Aquel que los llamó de las tinieblas a su luz admirable." — 1 Pedro 2:9 (RVR1960)

Devocional

Las heridas tienden a distorsionar la identidad. Después de ser traicionado, abandonado o fallado, es fácil comenzar a creer que **lo que te hicieron define quién eres.** Pero no. Tú no eres la herida. Tú no eres el rechazo. Tú no eres el fracaso de una relación. Tú eres quien Dios dice que eres. Y aunque esa verdad puede haberse opacado en medio del dolor, **Dios está en proceso de restaurarla.**

Él te llamó linaje escogido. Real sacerdocio. Pueblo suyo. Eso no cambió cuando te fallaron. Eso no cambió cuando te rompiste. La restauración de tu identidad no se trata de "recuperar lo perdido"... se trata de **recordar y reconstruir desde lo eterno, no desde lo circunstancial.**

No eres lo que te hicieron. No eres lo que perdiste. No eres el reflejo de tus peores días. Eres un hijo de Dios, en proceso de ser restaurado, no a lo que eras antes, sino a lo que fuiste diseñado para ser desde el principio. Hoy es un buen día para declarar:

"No vivo bajo la etiqueta que me pusieron. Vivo desde la identidad que Dios me dio."

Oración del día

Padre,

he permitido que el dolor defina quién soy. Hoy quiero volver a creer lo que Tú dices de mí. Restaura mi identidad. Quita de mí las etiquetas falsas. Hazme caminar en la verdad de que soy tu hijo, tu obra, tu propósito.

Amén.

Pregunta para el alma

¿Qué etiquetas falsas sigo cargando por lo que otros me hicieron? ¿Qué pasaría si hoy decido creer que mi **verdadera identidad** está en lo que Dios dice de mí?

Espacio para mis reflexiones

Este espacio es tuyo. No hay respuestas correctas, ni oraciones perfectas. Solo deja que tu alma escriba lo que necesite sacar hoy.

¿Qué te habló Dios en este día? ¿Qué verdad resuena en ti? ¿Qué decisión quieres tomar a partir de lo que leíste?

Día 25

El amor humano falló, el amor de Dios no

Versículo del día:

"Con amor eterno te he amado; por tanto, te prolongué mi misericordia." — Jeremías 31:3 (RVR1960)

Devocional

Cuando te fallan en el amor, es fácil empezar a desconfiar de todo lo que suene a "amor". Te cierras. Te proteges. Piensas que amar es sinónimo de dolor. Pero el amor no es el problema. El problema es cuando esperamos del amor humano lo que solo el amor de Dios puede sostener.

El amor humano es frágil. Incluso con las mejores intenciones, puede fallar, romperse, agotarse. Pero el amor de Dios **no tiene esas limitaciones**.

Él no te ama porque lo merezcas, ni porque siempre respondas bien. Te ama porque es Su naturaleza. **Su amor no cambia según tu comportamiento.**

Cuando otros te dejaron, Dios permaneció. Cuando te ignoraron, Él te miraba. Cuando fuiste invisible para algunos, fuiste visto completamente por Él. Hoy es un buen día para reconciliarte con la palabra "amor". No desde el dolor, sino desde la verdad:

El amor humano falló.

El amor de Dios no lo hizo, ni lo hará.

Oración del día

Señor,

me cuesta creer en el amor después de lo que viví. Pero hoy quiero volver a confiar en Ti. Enséñame que tu amor no depende de mí. Hazme descansar en la verdad de que, aunque otros me fallaron, Tú sigues aquí, amándome con amor eterno.

Amén.

Pregunta para el alma

¿Estoy proyectando en Dios la herida del amor humano que falló? ¿Y si hoy decido confiar en Su amor incondicional, aunque otros no supieron amar?

Espacio para mis reflexiones

Este espacio es tuyo. No hay respuestas correctas, ni oraciones perfectas. Solo deja que tu alma escriba lo que necesite sacar hoy.

¿Qué te habló Dios en este día? ¿Qué verdad resuena en ti? ¿Qué decisión quieres tomar a partir de lo que leíste?

Día 26

Soy amado, incluso con mis cicatrices

Versículo del día:

"He aquí que en las palmas de mis manos te tengo esculpido." — Isaías 49:16 (RVR1960)

Devocional

Las cicatrices son testigos silenciosos de lo que has vivido. No siempre son visibles, pero ahí están. Te recuerdan las batallas, los momentos de quiebre, las heridas que, aunque sanaron, dejaron marca. Y en medio de esa mirada interna, surge la pregunta:

"¿Cómo podría alguien amarme con estas cicatrices?"

Pero lo que te duele no te descalifica. Tus cicatrices no son señal de derrota. Son evidencia de que **no te rendiste, de que sobreviviste.**

Dios no te ama a pesar de tus cicatrices. Te ama con ellas. Y muchas veces, las usa como parte de tu propósito. Jesús mismo mostró sus cicatrices después de resucitar. No las escondió. Fueron la prueba de que la herida no tuvo la última palabra. Tus cicatrices no te hacen menos.

Te hacen real. Te hacen humano. Y en las manos de Dios, **te hacen útil para levantar a otros.**

Hoy no tienes que ocultarlas. No necesitas tener una versión "impecable" de ti para ser amado.

Eres amado **tal como estás, cicatrices incluidas.**

Oración del día

Señor,

me cuesta aceptar mis cicatrices. A veces siento que son una vergüenza. Pero hoy quiero creer que Tú me amas con ellas. Y que esas marcas son parte de la historia que estás redimiendo. No me defines el dolor, me define Tu amor.

Amén.

Pregunta para el alma

¿Estoy ocultando mis cicatrices por vergüenza? ¿Y si hoy decido creer que Dios me ama plenamente, incluso con cada marca que llevo?

Espacio para mis reflexiones

Este espacio es tuyo. No hay respuestas correctas, ni oraciones perfectas. Solo deja que tu alma escriba lo que necesite sacar hoy.

¿Qué te habló Dios en este día? ¿Qué verdad resuena en ti? ¿Qué decisión quieres tomar a partir de lo que leíste?

Día 27

Dios puede usar esta herida para bien

Versículo del día:

"Sabemos que Dios dispone todas las cosas para el bien de quienes lo aman."
— Romanos 8:28 (NVI)

Devocional

Cuando estás en medio del dolor, la frase *"Dios tiene un propósito"* puede sonar vacía, incluso molesta. No porque sea mentira, sino porque en ese momento la herida es tan grande que cuesta imaginar algo bueno saliendo de ahí. Pero la verdad es que **Dios no desperdicia las heridas.**

Él no provoca el dolor, pero lo usa. No crea el sufrimiento, pero lo redime. Esa traición, ese abandono, esa pérdida… pueden convertirse en parte del testimonio que Dios usará para levantar a otros, para sensibilizarte, para hacer de ti alguien más compasivo, más sabio, más fuerte. La herida no fue buena. Pero Dios tiene el poder de **convertir el veneno en medicina.**

No necesitas tener todas las respuestas hoy. No necesitas entender el "por qué" todavía. Pero sí puedes decidir que esta herida no te romperá en vano. Que si algo dolió, **valdrá la pena en las manos de Dios.**

Hay personas que algún día se cruzarán en tu camino, y será tu proceso el que les mostrará que sí se puede sanar. Tu herida, en manos de Dios, **se convertirá en herramienta.**

Oración del día

Padre,

hoy no entiendo todo lo que has permitido, pero no quiero que esta herida sea en vano. Toma mi dolor y úsalo para bien. Redime lo que me rompió. Haz de esta herida un testimonio, una herramienta, un canal de bendición.

Amén.

Pregunta para el alma

¿Estoy dispuesto a creer que Dios puede transformar esta herida en algo útil para mí y para otros? ¿Qué pasaría si hoy empiezo a ver el dolor como material para un propósito mayor?

Espacio para mis reflexiones

Este espacio es tuyo. No hay respuestas correctas, ni oraciones perfectas. Solo deja que tu alma escriba lo que necesite sacar hoy.

¿Qué te habló Dios en este día? ¿Qué verdad resuena en ti? ¿Qué decisión quieres tomar a partir de lo que leíste?

Día 28

Estoy listo para empezar de nuevo

Versículo del día:

"He aquí, yo hago nuevas todas las cosas." — Apocalipsis 21:5 (RVR1960)

Devocional

Empezar de nuevo no es lo mismo que volver al punto de partida. No significa que todo lo vivido fue en vano. No es un "borrón y cuenta nueva" vacío. Empezar de nuevo con Dios es **construir desde las cenizas, pero con un cimiento más firme.** Es levantarse no desde la negación del dolor, sino desde la transformación que produjo. Por mucho tiempo creíste que esta ruptura era un final. Que después de esto, no había más que ruinas. Pero Dios dice:

"Yo hago nuevas todas las cosas."

No algunas. No las menos dañadas. **Todas.**

El hecho de que algo terminó no significa que tú terminaste. Tu vida sigue. Tu propósito sigue. Y Dios está dispuesto a hacer algo nuevo, fresco, distinto… si tú estás dispuesto a caminar con Él. Hoy es un día para decir:

"Estoy listo. Quizás no lo siento al 100%, pero decido empezar de nuevo, de Su mano, no en mis fuerzas."

No necesitas tenerlo todo resuelto para comenzar. Solo necesitas la disposición de dar el primer paso.

Oración del día

Señor,

he tenido miedo de volver a empezar. El dolor me hizo pensar que no podría seguir. Pero hoy, aunque aún con cicatrices, te digo: estoy listo. Quiero caminar contigo hacia lo nuevo. Haz nuevas todas las cosas en mí.

Amén.

Pregunta para el alma

¿Qué cosas sigo reteniendo por miedo a volver a empezar? ¿Y si hoy decido confiar que Dios puede darme un inicio nuevo, diferente, pero mejor?

Espacio para mis reflexiones

Este espacio es tuyo. No hay respuestas correctas, ni oraciones perfectas. Solo deja que tu alma escriba lo que necesite sacar hoy.

¿Qué te habló Dios en este día? ¿Qué verdad resuena en ti? ¿Qué decisión quieres tomar a partir de lo que leíste?

Día 29

Mi corazón vuelve a latir con esperanza

Versículo del día:

"El Dios de la esperanza los llene de todo gozo y paz en la fe, para que rebosen de esperanza por el poder del Espíritu Santo." — Romanos 15:13 (NVI)

Devocional

Cuando pasas por una ruptura profunda, no solo se rompe el corazón… A veces, sientes que el corazón se apaga. Dejas de esperar cosas buenas. Dejas de emocionarte por el futuro. Te acostumbras a la idea de "sobrevivir", pero no a la de "vivir". Pero Dios no te diseñó para llevar un corazón apagado. El Dios de la esperanza **es experto en hacer que corazones muertos vuelvan a latir.**

No significa que no habrá cicatrices. No significa que olvidarás lo vivido. Pero sí significa que **tu corazón puede volver a sentir, volver a soñar, volver a latir… esta vez, desde un lugar más firme.**

La esperanza no es ingenuidad. Es decisión. Es decir:

"El dolor no me apagará para siempre."

Es confiar que Dios no ha terminado contigo. Hoy es un día para declarar:

"Mi corazón no se queda en pausa. Hoy vuelve a latir con esperanza."

Oración del día

Dios de la esperanza,

he vivido con el corazón apagado por miedo, por dolor, por cansancio. Pero hoy te entrego esa parte dormida en mí. Hazla latir de nuevo. No quiero vivir sobreviviendo. Quiero vivir con esperanza verdadera, confiando en Tu propósito.

Amén.

Pregunta para el alma

¿En qué área de mi vida he dejado de esperar algo bueno? ¿Qué pasaría si hoy permito que Dios reactive mi corazón con Su esperanza?

Espacio para mis reflexiones

Este espacio es tuyo. No hay respuestas correctas, ni oraciones perfectas. Solo deja que tu alma escriba lo que necesite sacar hoy.

¿Qué te habló Dios en este día? ¿Qué verdad resuena en ti? ¿Qué decisión quieres tomar a partir de lo que leíste?

Día 30

El amor me falló, pero Dios me reconstruyó

Versículo del día:

"Después de haber padecido un poco de tiempo, el Dios de toda gracia, que los llamó a su gloria eterna en Cristo, Él mismo los perfeccionará, afirmará, fortalecerá y establecerá." — 1 Pedro 5:10 (RVR1960)

Devocional

Sí, el amor humano te falló. Sí, te rompieron, te traicionaron, te dejaron solo. Pero eso no fue tu final. Eso no te destruyó. Eso no canceló el propósito que Dios tenía para ti.

Dios te reconstruyó. No igual que antes. No como una versión remendada. Sino como una obra nueva, con cicatrices que ahora son testimonio. Hoy puedes decir:

"El amor humano me falló, pero Dios no. Y no solo me consoló… me reconstruyó." Me hizo más fuerte. Más sabio. Más libre. Más consciente de mi valor. Dios tomó lo que parecía en ruinas y lo convirtió en cimiento de algo mejor. Ahora entiendes que tu valor nunca dependió de la permanencia de otros. Ahora sabes que el amor verdadero empieza con Aquel que no falla.

Esta no es la historia de alguien que fue destruido. Es la historia de alguien que fue reconstruido por las manos del Creador. Tu corazón vuelve a latir. Tus pasos vuelven a tener dirección. Tu vida sigue, pero ahora con propósito renovado. El amor te falló. Dios, no. Y esa verdad basta para caminar hacia lo nuevo.

Oración del día

Padre,

gracias por no dejarme en ruinas. Gracias por reconstruirme desde el polvo, con paciencia, con amor, con propósito. Hoy declaro que no soy lo que me rompió, sino lo que Tú has restaurado en mí. Llévame a vivir en libertad, con un corazón nuevo, firme y lleno de esperanza.

Amén.

Pregunta para el alma

¿Qué evidencias puedo ver hoy de que Dios me ha reconstruido? ¿Estoy dispuesto a vivir desde esa nueva identidad, sin seguir atado a lo que me falló?

Epílogo

Esto no es el final, es el inicio de algo nuevo Si llegaste hasta aquí, déjame decirte algo: Eres valiente. No porque todo esté resuelto. No porque hayas olvidado lo que pasó. Eres valiente porque elegiste caminar, aunque fuese con pasos temblorosos. Elegiste no quedarte atado al día que el amor te falló.

Este devocional no pretendía darte soluciones mágicas. Pero sí buscaba recordarte quién eres en medio de la herida: Eres hijo, eres hija, eres propósito vivo. Dios no te ha reconstruido para que sigas mirando hacia atrás. Te ha reconstruido para que camines en libertad, para que vivas desde tu identidad redimida, para que ames sin miedo, sin dependencias, sin cadenas.

No olvides esto: La traición de alguien no cancela el amor de Dios. El abandono humano no define tu permanencia en el propósito divino. Tú puedes volver a amar. Puedes volver a confiar.

Pero esta vez, desde un corazón más sabio, más sano, más fuerte. Dios ha estado escribiendo contigo cada página de este proceso. Y Él sigue escribiendo.

Esto no es el final.

Es el inicio de una historia nueva, redimida, viva. Levántate. Sigue caminando. **El amor te falló. Dios, no. Y eso es suficiente.**

Con respeto, con empatía, y con fe en lo que sigue,

Samuel Rodrigues

No es el final, sigo escribiendo...

Este espacio es para que tú y Dios sigan conversando.

Aquí puedes escribir oraciones, pensamientos, decisiones, o cualquier palabra que no quieras que se pierda en la rutina. ¿Qué te habló Dios al terminar este devocional? ¿Qué áreas siguen sanando en tu interior? ¿Qué promesas quieres declarar sobre tu vida?

Es tu espacio. Tómalo. Escríbelo. Vívelo.

Mis próximos pasos

Este libro no fue el final. Fue una guía para acompañarte hasta aquí. Pero ahora es tu turno de seguir caminando. Aquí te dejo algunas ideas de próximos pasos que pueden ayudarte a seguir creciendo y sanando:

✓☐ Conéctate con personas que te edifiquen.

Busca una comunidad, un grupo pequeño o personas con quienes puedas caminar este proceso de forma acompañada. Dios sana en lo secreto, pero también fortalece en comunidad.

✓☐ Mantén un diario de oración.

No dejes que el hábito de escribir lo que sientes y lo que Dios te habla termine aquí. Compra un cuaderno, y sigue escribiendo tus oraciones, procesos y promesas.

✓ Busca mentoría o discipulado.

No estás diseñado para recorrer este camino solo. Un mentor o guía espiritual puede ayudarte a consolidar lo que Dios empezó a sanar en ti.

✓ **Sé de bendición a otros.**

Lo que has vivido puede ser una herramienta para levantar a otros que están en el punto donde tú estabas. No necesitas estar "perfecto" para ser útil en las manos de Dios.

✓ **Sigue alimentando tu espíritu.**

Lee la Palabra, escucha mensajes que edifiquen, y mantente conectado a fuentes de vida espiritual.

✓ **Permítete volver a amar.**

No desde la necesidad, sino desde una identidad restaurada. Amar no es un riesgo cuando tu corazón está anclado en Dios.

Este no es el cierre de un libro. Es el inicio de tu reconstrucción real. Dios no ha terminado contigo.

Acerca del autor

Samuel Rodrigues es escritor, evangelista y especialista en desarrollo personal, espiritual y relaciones. Su vida es un testimonio vivo del poder transformador de Dios: tras una juventud marcada por adicciones, intentos de suicidio y un vacío existencial profundo, Samuel experimentó un encuentro radical con Cristo que no solo lo rescató de la muerte, sino que le dio un propósito eterno.

Su misión es clara: **guiar a otros hacia la libertad, la sanidad interior y la plenitud en Jesús.**

Samuel no escribe desde la teoría. Escribe desde el barro, desde el proceso, desde la experiencia de haber sido roto y restaurado por la gracia de Dios. Cada palabra que comparte nace de una historia real de caída y redención, de heridas profundas que hoy son cicatrices útiles para sanar a otros.

Su libro, "*La casa del número 48*", refleja esa transición de las tinieblas a la luz. Sin embargo, *"El día que el amor me falló"* es un proyecto más íntimo, donde Samuel acompaña a quienes han sido traicionados, abandonados o quebrados por relaciones humanas, y les recuerda que **aunque el amor humano falle, el amor de Dios reconstruye.**

Con formación en desarrollo personal y espiritual, Samuel ha dedicado años a estudiar cómo los procesos de crecimiento humano se entrelazan con el diseño divino. Su enfoque combina principios bíblicos, herramientas prácticas y una voz pastoral profundamente empática.

Hoy, impacta a millones a través de sus redes sociales (@___samuelrodrigues), donde comparte mensajes que desafían, restauran y motivan a personas en su caminar con Dios. Su contenido —directo, honesto y cargado de verdad— es un faro para quienes están en proceso de reconstrucción emocional y espiritual.

Samuel cree firmemente que:

"Dios no te salvó solo para que sobrevivas, sino para que vivas con propósito... y ese propósito siempre es más grande que tu herida."

Made in United States
North Haven, CT
30 October 2026

21429198R00117